EL CAMINO DEL DESEO

ExLibric

MATOAKA

EL CAMINO DEL DESEO

EXLIBRIC

ANTEQUERA 2019

MATOAKA

EL CAMINO DEL DESEO

A mis hijas, que me entendieron y ayudaron a cambiar.
A mis ancestros, que me guiaron.
A ti, P. G.

A mis amigos, que me sostuvieron

Attraversiamo

Piedra sobre piedra.
Escalando hasta la cima de nuestras montañas.
Descendiendo al abismo
de los juguetes rotos.
Aprendiendo a reír sin trabas, sin miedo.
Ganando conmigo la distancia de este sueño de mujer.
Dándome, con tu inquebrantable, certero instinto,
el significado de las palabras hechas vida.

Ahí has estado y estás, Ana.
Tu vida y la mía se mezclan, en este libro, a partes iguales.

Tú, Miguel, trajiste a la Mesa del Jardín aquella Luz que todos
compartimos. Antes de marcharte, mientras yo miraba la sonrisa
tranquila, inigualable, de tus ojos, recuerdo que dijiste algo así:

"Has recibido *Energía* y la has trasladado a lo que has escrito.
Ahora, tus palabras poseen energía con independencia de ti. Esa
energía puede ser recibida por otros desde las palabras mismas,
puede ser ya de otros".

Tú, querida *madre* Esther, tan tierna, tan llena de contras-
tes, tantos como los colores irisados de tus ojos, tan natural, tú,
como las piedras preciosas que te adornan y te llevan a la tierra,
de donde tomas tu raíz clara y tu firmeza. Fuiste niña gozando,
mujer en el *descubrimiento* sensual.

Aurora, en tierra ajena, tan clara en tu destino, donde todos miramos deseando que te alcances.

Pequeña Paloma, no tengo para ti más que admiración:

Tú, que comprendes

Caminas
rodeada de pájaros
de luz
que se enredan
en las ramas doradas
de tu pelo.

Hoy mismo,
cuando nos hemos cruzado,
el más pequeño de ellos
se ha quedado
revoloteando
sobre un libro sin dueño
que yo traía en mi mano…
y mi mano se ha quedado mojada
de una fina lluvia de cristal
que descendía desnuda,
en toda su pureza,
desde el relámpago
azul
de tus ojos.

¿Quién nos lo iba a decir?

Aprendimos todos de ti: nos llevaste desde la emoción a la emoción, desde tus lágrimas al sitio exacto donde este libro pudiera llegar a ser y reconocerse.

Aquellas palabras que teníamos entre las manos se transformaron, de pronto, en ti, Francisco. Te reconociste en un poema, lo cantaste desde tu íntimo yo, desde la naturalidad de tus quehaceres cotidianos. Sin titubear un instante, como de siempre en ti.

El poema que cantas

De borde a borde,
de cadera a cadera.
Desde la cima anochecida,
lo has hecho tuyo.

En el varal de tu propia cuna,
en la nana que te mece,
que te canta a ti mismo.

En el nido que mis manos
traían para ti
en aquel mismo instante
compartido
de mi vida en libertad.

De ti y de tu sorprendente misterio no me olvido, Óscar Rubén.

Tampoco de ti me olvido, J.J., amigo mío. Sentados los dos en aquel banco de la *Plaza de La Mariana*, contemplábamos *lo que estabas viendo* sin poder creérnoslo… ¡Ninguno! Y reíamos y nos abrazábamos.

Gracias por vuestro precioso regalo.

I. Matoaka,
te llevo conmigo

I

Viajero

Tu camino está
en la Eternidad que buscas
y de la que eres parte,
una eternidad que captas en el movimiento,
en la vibración misma del Ser,
en los acordes rotos
a los que das forma
a tu paso.

II

Jyotir

Tus abrazos están hechos de Luz,
de esa otra luz del Universo,
de luz cálida:

De la luz a la que regresamos
en el morir,
de la que nos hemos olvidado
en el vivir.

De la luz que nos engendra
y nos hace personas,
de la que a todos nos hace Uno
en el vivir y en el morir.

III

Con la mirada
intacta para mí.

Con tus manos,
para mí, intactas.

Con tu deseo de hombre y tu nombre,
por primera vez, sobre mis labios.

IV

Te acercas
a mí…
con la sabiduría
del descubrimiento.

Despacio.

Manos, boca, labios
que no conocen.

Lentamente conociendo.

Tu cuerpo junto a mi cuerpo.
¡Descubrimiento!

Manos que enseñan, que aprenden,
manos detenidas, entregadas,
que me atan
y desatan.

¡Descubrimiento!

Tu pecho sobre mi pecho.
¡Descubrimiento!

Tu sexo, mi sexo.
¡Tuya en el descubrimiento!

V

¡Corta los hilos
que me tienen atada
a los extremos
y colócame en tu centro:
¡Bajo tu cuerpo!

VI

Te abrazo con mis piernas
mientras el Universo
se cierne en un punto sobre nosotros
y nos hace sus dueños.

VII

Nacimiento

Me traes a la vida
con la boca,
con las manos,
con tu sexo,
en nacimiento puro,
en puro descubrimiento
de la mujer
que soy en ti.

VIII

Cuando te nombro y me nombras:
En mi boca y en tu boca.

Cuando vienes a mí,
colmado hasta mi.

Cuando me balanceas
entre tus piernas abiertas y las mías.

Cuando…, cuando…
¡Hombros, cumbre en la cumbre!
¡Vientre, palomas libres!
¡Cadera, ancla en tu ancla!

¡Tuya!

Tuya…
cuando me retiro un instante
para mirarte a los ojos,
para encontrarte y encontrarme yo,
para saber
quién soy…
en tu cuerpo.

IX

¡Niña, Niña, dime dónde!

Entre tanto…
   Pongo mi dedo corazón en tu boca,
    lo lleno de tu saliva
y lo dejo en mi sexo abierto,
     y te siento
en cada vibración de mi cuerpo,
en los arcos de mis caderas,
en la fuerza de mis hombros sobre la almohada,
en tus manos sobre mi vientre y sobre mi boca,
en el impulso de mi pecho,
en cada elevación de deseo,
   en el compás de tu cuerpo sobre el mío
    mientras me dices *niña*,
en la calma de las manos enlazadas,
de los cuerpos en reposo,
en la risa que ilumina mi rostro,
en tus brazos,
que me rodean
en la quietud compartida.

X

Me quedo quieta por un momento,
al amparo de tus brazos,
a la espera de tus besos.

Como una niña.

XI

El pijama rojo

En la quietud del silencio
colocas mi mano izquierda
bajo tu mano derecha.

¡En la suavidad del aire me sostienes!

Subimos despacio, muy despacio,
por tu vientre,
por tu pecho.

¡Me has sujetado a ti!

Tumbada. Quieta.
Recorres mi cuerpo palmo a palmo
sin tocarme.

¡A diez centímetros de mí!

Mis tobillos, mis rodillas
se elevan…
y tú los recuestas.

¡En puro impulso te sigo!

Estás llevándome al Espacio
de la Calma,
en el que vas a reunirnos.

"¡Ni te lo imaginas!" –decías.

XII

Silencio

Crezco en el silencio
y en el silencio
soy
poema de madrugada,
mujer recién nacida
que envuelves
en el agua clara de tu cuerpo.

XIII

Cierto de ti

Salvaje,
cierto de ti,
subes por mis piernas
derrotando mis instintos de guardia
y mi cuerpo prepara a ciegas tu venida.

Sexo ancestral, tribal.

Sexo de Amor de Dioses:
El sexo con el que nos engendraron,
el sexo con el que nos hicieron Hombres.

XIV

Movimiento

Gírame
entre tus piernas
con movimiento exacto,
definido
por el arco de mis caderas.

Sepárame
y tiéndeme bajo tu cuerpo
en armonía de ti.

XV

Agua

Sumérgeme,
sobre las negras sombras,
en el girar
de los cuerpos.

En selvas del Amazonas,
en las orillas del Plata,
en lo profundo
del Agua,
en la Corriente
Sagrada,
sumérgeme.

XVI

En la casa grande
(*Con cuatro chimeneas*)

Junto a las raíces
que brotan de la Tierra.

Allí.

Junto al lago deshecho de tu sexo,
méceme
en lo profundo
de tu Ser.

XVII

Águila

Has perdido tu cuerpo
en el mío,
no te distingues
de mí.

Has convertido el tiempo
en presente puro,
en un solo cuerpo,
en un solo yo.

XVIII

Uno mismo

Marea sobre marea.

Avanzas
arrodillado
en el rojo espacio.

Y doblas y penetras mi cuerpo
a intervalos justos,
y lo sometes a tu sexo,
a puro sexo:
Uno sobre uno.
¡Uno mismo!
¡Uno!

XIX

Universo sin verbo

A puro grito contenido
con mis manos.

Con el peso de tu cuerpo
y en contacto con tu sexo.

Retenida.
Llena de ti.

En tensiones salvajes,
al borde, sin medida.

En conjunciones perfectas.

Controlada, poseída,
abandonada en el éxtasis
a la espera nuevamente de ti.

XX

¡Despierta!

¡Necesito
la locura de tus ojos y tus labios,
tu firmeza, tu desvarío,
tus piernas en las mías,
tus caderas sobre mí,
tu cabeza al filo de mi pecho
bajando hasta mi vientre,
tu boca
en mí
como la Rosa en el Desierto!

XXI

Trazas mi existencia
de mujer
en perfiles grabados
con el borde de tu boca
sobre mi pecho…

En perfiles de sexo
hecho roce de tus manos
sobre mi pelo…

XXII

A pura fuerza derramada.

Con tu peso
contra mi espalda,
tus brazos
retienen mis hombros
en posesión viva.

XXIII

Vos

Vos en la mirada.
Vos en cómo me hablás.
En cómo me decís…, vos, más vos.

En cómo tocás el cielo
con tus manos
y tu boca,
–¡Ay tus manos y tu boca!–,
…vos tan, tanto, vos.

En mi cuerpo recorrido
por vos: vos.

Vos en mi vida
y en mi no vida.

XXIV

30 de diciembre

Sin límite exacto,
sin medida,
tomas mi cuerpo
en el tuyo
y dejas tus armas
en él.

En ansiedad
     desgajada
          en besos,
               en abrazos que me oprimen,
                    piernas sobre piernas,
                         sexo dentro de mi sexo.

Exhausto,
entregado,
en derrota de ti mismo
sobre mí.

XXV

Lila

Retraes la mirada
a tu mundo de cristal.

En ausencia de realidad,
te sigues a ti mismo:

Alcanzas
las oscuras, claras
transparencias.

Juegas con los contrastes
al juego universal
que tú conoces:

El Todo y el Uno,
el Yo y el no Yo,
donde el tú
no tiene cabida.

XXVI

Detén el tiempo
entre los espacios
de ida y vuelta.

Deshaz la Eternidad
en latidos
de los cuerpos.

Contempla el Tiempo
en el manantial
que fluye
mano a mano,
boca a boca,
sexo a sexo.

De ti a mí.
De mí a ti.

XXVII

Cóndor

Despiértame desde dentro.

Cubre la distancia
del sueño
entre los cuerpos.

En el silencio
que rompe el tacto
ganas el espacio
levemente,
suavemente.

Y el instinto
guía al instinto
en la vibración creciente,
en el latir,
en el ser de dos en Uno.

Y me amas así:
En el pálpito de la Luz.

XXVIII

Amaragua

Conviertes mi cuerpo
en trozos de madrugada
repleta de ti.

Me retienes con
la lengua, con
los dientes, con
tus rodillas,
que abren mis piernas
hacia ti,
colocando nuestro centro
en lo exacto,
en el acto del sexo
sin límite de cuerpos.

Eso.
Eso.

XXIX

Subirarrastrándonos

No soporto
la ausencia de tu nombre
en mi piel,
ni la de tu boca
en la raíz de mi cuerpo
llevándome,
lamiéndome,
atándome a ti
con dientes y labios,
carne sobre carne,
bebiendo de mí,
llegando a mis entrañas,
diluyéndome
en el impulso que nos arrastra
subiéndoenuno.

XXX

Me ha latido el corazón
hasta tu cima,
me han gemido las entrañas
y ahora
me sujeto a ti
para bajar de este impulso
sin volver a desbocarme.

Muerdo tu brazo
con mis dientes,
respiro sin control
sobre tu pecho,
cálmame con tus besos,
con caricias, con susurros.

No me muevasss…

2. *Gamaya*

I

*La Tierra Pura de las Dakinis**

Transformas mi mente y espacio
en vértice de ti mismo.

Me conviertes en isla recorrida,
siendo tú mi azabache profundo
en una Tierra Pura
sin límites.

**A Óscar Rubén, quien, con en su naturaleza universal, encontró el lugar de cada una de estas palabras y, con ello, desveló las claves primera y última de mi búsqueda.*

II

Matoaka, te llevo conmigo.

(24-XII-2011, 18:49:45)

(Brihadaranyaka Upanishad - I.iii.28)

Om
Asato ma sat gamaya I
Tamaso ma jyotir gamaya I
Mritor ma amratam gamaya II

Om
Condúceme de la inexistencia al ser,
de la oscuridad a la luz,
de la muerte a la inmortalidad.

3. La huella

I

Ya están
encadenadas
mis sensaciones
a las palabras.

Ahora como entonces:

Exhausta, agotada,
estoy buscando en el suelo
la alfombra de paja,
la de líneas
rosas.
En ella mi Alma
queda tejida.
En ella estoy liada, encogida,
con la respiración sosegada.

Tú te has quedado sobre la cama
tendido,
con el cuerpo inmóvil,
gozoso de mí.

II

*Niña (Yin)**

En cada rincón
de mi cuerpo
has dejado la huella
de un poema.

Dime *¡Niña!,*
¡Niña, Niña!
y abre cada una
de esas *puertas*
en las que está
escrito
tu nombre.

         * Por momentos has sido
encarnación de la Madre del Universo.

Has sido la Diosa misma
sin saberlo tú.

Te adoré en la oscuridad sin rostro…
Esa Niña Eterna que te habita y tú desconoces.
¡Oh niña, diosa, madre mía!

P. G.

III

¡Pon tus dedos
en la palma
de mi mano!

¡Deja fluir mi no vida!

En el silencio
del bosque,
soy.

Soy
      arbol,
           rama,
                piedra,
                    tronco.

Y tú, Universo tú,
el hálito de la Vida
que se renueva en mí.

IV

Me preparo para ti:
Dispongo las velas
en el suelo.
He encendido una varita de sándalo.

Me llamas a intervalos
para que tu nombre,
tu voz,
tus palabras de
hombre
en celo
calen,
penetren en mí,
para ir tomando
de a poco
lo que es tuyo,
lo que sabes que te espera.

V

El katak desnudo

Envuelvo mi frente
con la seda
del katak.

Su brillo azul
y sus sagradas letras
han cubierto toda la habitación.

La puerta está
entornada, como quieres,
esperando
a que entres y la cierres.

Vas a tocarme
y no sé dónde.

Vas a besarme
y no sé cuándo.

Vas a tenerme
y yo
ya te siento en el Vacío.

VI

Carne de mi carne,
bésame en lo oculto de mi cuerpo,
rodea con tu lengua
la sagrada cima
donde solo tú habitas.

VII

Contemplación

Cae mi pelo
en tus hombros.

Con las fuerzas agotadas
busco tu costado,
descanso
cubierta de ti.

Pones tu pierna
sobre mi cadera.
¡Quédate así!
¡Te lo pido en silencio!

¡Coge mi mano!
Ya veo el Lago Sagrado
en el que encuentro
mi Ser.

VIII

Extiendo tu brazo
a lo largo de la almohada,
en el descanso de los cuerpos.

Beso
cada dedo de tu mano.
Apoyo cada vértice
sobre mis labios,
lo acaricio
con la punta de mi lengua,
lo lleno de mi saliva,
y tú,
con los ojos cerrados,
sonríes para mí.

IX

Estás cruzando
la puerta.
Me has pedido
que la deje entreabierta.

No he podido esperarte
como me has pedido.

Estoy aquí,
al otro lado,
para que me tengas
entera ahí.
Y tú, el hombre,
me miras
y ya no esperas.

Entras por esa puerta
y entras en mí.

X

Levanto
mis piernas
en el aire
con la letra de tu nombre,
doblas mi contorno,
me sostienes
con los hombros…
y avanzas hacia mí
buscannndo,
creannndo,
sintiennndo
el Uno
que nos estaba destinado.

XI

Tienes dibujada en tu cuerpo
la belleza
del sexo
complacido.

Has cerrado los ojos
y yo
te recorro
con la mirada
de quien adora
con la boca,
sí,
con la boca,
cada parte
de ti.

XII

He recorrido
tu cuerpo
con la boca
buscándote
en cada vibración,
en cada respuesta,
adentrándome
en ti,
como tú
haces conmigo,
explorando
la Vida
que nos pertenece.

XIII

Estoy sentada.
Mi pierna está junto a tu pierna.

Pongo mi rodilla
sobre la tuya.
Voy derechita a ti
con esa pequeña bandera
de las palabras
aprendidas,
del gesto pensado,
de la situación ensayada.
Tú
sonríes
y te extrañas
adivinándome, sabiéndome,
dejándome llegar a ti
como una niña.

XIV

Lavas mi cuerpo
en ceremonial sagrado.
Me perfumas con el humo
del sándalo,
enciendes una vela morada
y una blanca:
Vas a transformarme en ti,
a llevarme
ante la pureza
de un Encuentro Eterno.

XV

Te arrodillas ante mí,
inclinas la cabeza sobre mi vientre,
levantas tu mirada
y yo me recreo en ella
sonriéndote desde muy dentro,
sabiendo
a dónde vienes, lo que anhelo;
sabiendo quién eres tú para mi, sabiendo
quién soy yo
para ti.

XVI

Más de quinientos años

Has sujetado mis manos
y haces que te mire a los ojos
para que vea
en ellos
tu Ser,
el destino
que desde muy antiguo
me pertenecía:
Lo que no conocía
y era mío
desde Siempre.

XVII

Mira la tarde: es nuestra,
¿no la ves?
Mira el mar,
¿no lo ves?
No.
No ves el mar ni la tarde.
Mi voz es un susurro.
Y tú,
ajeno al contenido de mi palabra,
me sujetas por la espalda:
Ya no hay mar,
ni olas, ni horizonte,
ni tarde,
solo tu deseo
y el susurro de mi voz.

XVIII

Te anudas a mí
con la belleza del lazo a la flor.

Me has colocado
en la delicada forma
de la Flor del Loto:

Con la calma del orfebre
has dispuesto mis pies y mis rodillas,
mi espalda y mis manos.

Te sientas en el hueco
de mis piernas
y rodeas mi cuerpo,
de frente,
mirándome,
solo mirándome,
ofreciéndome
el nacimiento
místico
de nuestro Universo.

XIX

Duermo
prendida de ti,
como la flor
en la rama
del almendro.

XX

Estoy envuelta
en el bucle
de tus brazos y tus piernas.

He perdido la distancia
de tu cuerpo con el mío.
Ya hace rato que dejé de ser yo.

En tu dominio estoy
y tú en el mío: en un solo equilibrio.

Cada gesto tuyo
es la respuesta a mi gesto,
y yo
me convierto en esa misma fuerza ciega
con la que me atraes.

XXI

La Flor

Estás
lamiendo mi carne
como el fruto de la flor.

Has llevado
cada uno de sus pétalos
a tu boca
comiendo
como quien come
el pan
de su propia Tierra,
de la tierra cultivada
en los huecos
de mi piel.

XXII

Uno

Mi cuerpo, sobre tu cuerpo.
Mis manos,
sobre mi cabeza.
Erguida en ti:
Con las palmas apretadas,
con los dedos rozando el Ser de dos en Uno.

XXIII

¿Por qué ahora?
Me tenías reservado
el regalo de la palabra *amor*
antes de tu partida.
¿Por qué ahora?
Porque quieres sentir la Tierra Firme bajo tus pies
y quieres que esa tierra sea yo.

XXIV

Las lágrimas
cubren
mi rostro:

He escrito
tus poemas
con la emoción
desgarrada
a gritos,
con el grito de quien
encuentra en la vida
lo que no tenía,
lo que no sabía,
lo que…
tanto deseaba.

XXV

Estoy yendo a Ítaca,
surcándote
en los surcos de mi recuerdo,
del recuerdo
que no cesa de ser presente en mí.

XXVI

Te rememoro.
Te nombro sin nombrarte,
te tengo sin tenerte:
Huelo tu piel…
y siento el vértigo de tu sexo.

XXVII

Sabes a cuerpo recién lavado,
a melocotón blanco, a aire claro,
…aire de *ese bosque*
en el que sueñas
encontrarte.

XXVIII

Déjame que toque
el borde de tu cadera.
Acierto a ciegas
a trazar con mi dedo la línea de Apolo,
el relieve donde vibra
la fuerza de los hombres,
la fuerza
con la que me quieres tú.

XXIX

Estoy de pie,
sobre tu ropa amontonada en el suelo,
empapada de ti.

Siento el roble
en la tela de tu pantalón
y, en tu camisa,
la desnudez
cálida del hombre.

XXX

Sujetas mis manos
con las palmas de tus manos.
No voy a moverme:
Lo sabes.

Voy a recibirte así:
Inerme,
libre,
tan solo con tu atadura.

4. Más allá de toda tú

I

Poemas en la pared

¿De qué te extrañas, viajero?
Tanto amordazar, tanto maniatar…

¡Has herido la luz viva!
¡El aire puro has herido!

Has tapiado mi puerta a cal y canto
y a mí
me duelen los días
de tanto querer abrirla.
Ya está de par en par.

Mi ventana casi nunca está cerrada,
sabe mirar de frente, como miro yo.

Ahora…
Nada tengo.
¡Soy ahora!

Levanto mis manos para abrazar como si nada,
para tocar con cariño, para escoger un perfume
o cualquier otro regalo.

¡Y no es nada extraño!

El aire revuelve montones de hojas.
¡Quiere seguir mis pasos…y los sigue!

¡Y no es nada extraño!

El corazón...
No sé yo…
Pero al corazón también hay que dejarlo libre
para que cuelgue, cuando quiera,
poemas en la pared.

II

Matoaka

Elevando mis brazos al cielo,
haciendo hueco
en las palmas de mis manos,
a quien nuevamente soy.

Gritando mi nuevo nombre.

En pie.
Viva.

¡Equivocadamente viva!

Firmemente,
lealmente,
intencionadamente
viva.

III

Escúchame
mi vida,
la vida mía.

Con la punta del lápiz
quebrada
te escribo
porque se nos ha quebrado la vida.

Pero yo
recuerdo bien,
en mi desesperación,
tu ofrenda:

"Más allá de toda tú".

IV

No se resigna el silencio.

¿Por qué vuelve sobre el suelo mojado?

¿Por qué hace brotar de nuevo el agua de aquella fuente?

Pueden pasar dos meses, dos terribles años…
y un hermoso aliento vuelve y nos sorprende
recordándonos que alguien sintió,
siente aún,
aquel reguero de agua
que brotó
de lo más profundo de la tierra.

V

La siembra

Voy a recoger la siembra…

Voy a recoger la siembra
como las espigadoras,
abrasándome las manos,
sintiendo el sudor
bajo el pañuelo atado en mi cabeza,
ignorando el cansancio de mis pies,
en pura lucha erguida
desde el fondo,
desde esta Raíz desconocida
que me hace crecer como quiere.

Doliéndome ahora la vida.
Doliéndome tú.

VI

La sombra del Ángel

Tú me conoces como los ángeles transparentes conocen.

Has venido con la espada que sabe derrotar,
con el alma que sabe
comprender y perdonar,
con la fuerza celeste
de negras, rojas batallas ganadas
en otros mundos,
con la sabiduría del ángel, de todos los ángeles.

Tú vas a enseñarme ahora,
¡Ángel!,
lo que aprendiste por ti mismo,
al cuidado de tu madre:
Vas a enseñarme a caminar,
a levantarme con mis propias manos.

Has venido revestido de tus dones
a decirme
cuál pierna no sé mover,
qué mano ya no me sirve,
por qué mi alma está perdida
y no ve
ni entiende

que más allá de mí,
solo puedo estar Yo,
que todo lo demás
se dará por añadidura.

VII

*Querido Wayne**

En estas palabras creo.
¡A ciegas, creo!

Con ellas vibro en un espejo sin límites.
No veo el fondo, ni eso importa:
Paso a través de él
y allí estoy, en el ayer,
conversando
con gentes que no conocía.

Mi vida es
un vasto Ser abierto
que me sorprende y me regala sus dones:
Una cara desconocida,
sabio Neruda,
que sí me conoce a mí.

Yo vengo de esa cara sin nombre.

Autoconciencia.

VIII

Tú, no

Vosotros abrís los
poros de mi piel, pero
es mi piel la que respira
o lenta o salvajemente.

Si tengo hambre y quiero saciarme,
vosotros…,
tú…
no puedes comer por mí.

IX

Yo (Non ego)

Vengo de navegar hacia mí misma,
de dominar mi corriente,
de sortear las duras rocas de mi costado,
sabiendo que este barco no es de nadie más que mío,
que yo soy su capitana,
que yo agito su bandera
y lo corono
con su propio nombre.

5. Despedida

I

Quiero escribir
enredada entre tus hojas y en tu tronco,
anclada en tu metal
duro, blando, etéreo, firme, ciego, lúcido,
ardiente
en el desierto, en lo lejano,
en el sueño, en el contacto.

Quiero escribir anclando tu recuerdo,
anclarlo yo con mis manos contra la marea de la vida,
tocando
el sin límite que la palabra crea
cuando el amor
se la lleva por delante.

II

Sincronía

Giro y me prolongo en el ensueño
y te encuentro…

En la oscuridad celeste
donde habitas.

En la órbita que nos recorre
en pura sincronía.

En cada planeta y sus anillos
dibujados con pintura de dedos.

En los destellos claro oscuros
de redondas intersecciones.

En los pesados núcleos,
que gravitan
en mitad de la nada,
de una nada
que es solo espera de ti y de mí.

En el bosque infinito
recorrido por el viento que te sigue
y no te alcanza,
viajero de ti mismo,
vagabundo del Dharma.

En la nieve
esculpida en la cima de todas las cimas
por el más puro azul, que te convoca
quebrado en su noche.

En el acantilado y la ola
del barco de tu naufragio
y el mío.

En la roca que sobrevuela
el Águila sagrada
que tú conoces, xamán,
que yo conozco,
que sabe
de la unidad de todas las cosas.

En el desierto
surcado por miles de naves
que dejan sobre la arena
el recorrido de nuestras manos
en nuestros cuerpos.
¡Memoria eterna!

En los chorros de luz delirante
de auroras boreales
[que vienen a posarse
sobre corolas de bellísimas flores]
que solo tú y yo conocemos.

En la rosa, por siempre abierta, de aquella noche
llena de amaneceres.

III

¡¡¡Despierta, niña… Despierta!!!
25:1:2013,3:18:46
(Días antes de tu partida)

Nunca será de nadie
mi carne
tanto como tuya.

No.
Tú nunca serás un recuerdo.

Tú estás en el fondo de mi copa:
Abierta, derramada, llena.

IV

*El gesto**

Prometes un espacio
en el hueco de tu mirada,
en ese arco abierto
con el que alcanzas tu infinito.

Ahora es…, ha de ser,
la despedida,
un dejarme volar
ante mí misma
más allá de ti
y de tu dominio,
hecho de nuestra carne.

Una incógnita
tan tuya
como mía.
Más allá, también, de ellos,
de todos ellos.

★ *Fractal.*

El tiempo es la apariencia
que nos reúne
en el tejido del Universo.
Hemos estado aquí ya.

Esta tierra desgranada
con las manos,
con la boca,
cuerpo a cuerpo…
Esta tierra
ha sido nuestra un instante,
solo un instante,
todos los instantes de ese instante.

¡Belleza eterna
del Uno
divisible tantas y tantas veces,
en Uno!

V

Eterno el encuentro, eterna la despedida

Es posible, solo posible,
que la sincronía de los cuerpos en reposo
que nos trajo hasta aquí
continúe tejiéndonos
—siendo ella nosotros—
con el delicado hilo dorado
por el que transitas y me sigues cuando quieres,
sabiendo, tú como yo,
que vienes a mí
para ser tú mismo,
para reconocerte,
dividido, en mí:

¡Maha Maithuna!

VI

Blessing!

Resguardo quienes fuimos
en una caja de translúcido, nítido cristal
coronado del más puro Arco Iris.

Rodeo nuestra historia viva
con la ternura
del beso
y del abrazo,
con la cinta roja,
con la cinta rosa,
con las cuentas de los collares
que coloqué, para ti, sobre mi cuerpo desnudo.

Hago voltear aquella piedra plana,
llena de arena y sol de media tarde.

¡Déjanos ver,
Madre Tara Kwan Yin,
cómo desciende
en las tranquilas aguas de aquel Espacio Eterno
que juntos supimos crear!

6. La colina más bella

I

Estupa de la Iluminación

Silencio.

Bajo la verde Higuera Sagrada

y el verde Olivo Mediterráneo.

Silencio.

La pequeña carpa naranja
se desliza y refleja mi imagen
en el agua vibrante

Silencio.

Cubres las huecas imágenes
de arcilla roja
y en ellas me modelas.

Silencio.

Elevas mis deseos
girando en torno al blanco,
sobre el azul del mar.

II

Muchacha sentada
*(Junto al altar de Buda)**

Como el aire sagrado
sobre la Sagrada Higuera,
dejas caer tu cuerpo sobre tus talones.

Has acomodado la seda
de tu cara transparente
y el azul de tus ojos
a la belleza del templo.

Tu silueta de cristal puro
gana el espacio de un destello.

El templo se hace Templo
en el pañuelo, amarillo y naranja,
con que cubres
tu cabeza.

**Con motivo de la visita del Lama Jigme Rinpoche a la Estupa de la Iluminación. 30-31 de marzo de 2013*

III

Muchacho de pie
(Junto al altar de Buda)*

Guardas en ti,
muchacho,
la belleza de la Estupa
que guardas.

Te regalas
en el vacío
espacio.

Tu figura traspasa
la puerta y la escalera.

Tu mirada, dorada de luz,
se derrama
en la figura de Buda
y en su altar.

*Con motivo de la visita del Lama Jigme Rinpoche a la Estupa
de la Iluminación. 30-31 de marzo de 2013

Te colocas junto a las pinturas
sagradas
y les das belleza viva.

Te recuestas
bajo el palio de la Madre Tierra
y te desnudas, sin saberlo tú,
entre las imágenes sagradas.

IV

Batalla tal vez ganada

La espada
solo es dueña
de la batalla.

La espada
no derrota,
te derrota el alma.

¿Quién eres tú
cuando eliges la espada?:
Solo batalla.

¿Quién eres tú
cuando ganas la batalla?:
Solo batalla.

V

El Pensamiento iluminado

El capitán,
la maniobra
y la costa
eres tú.

VI

Condición, causa negativa

Si varías el timón
…,
solo
alcanzarás,
provocarás,
serás la tormenta.

VII

He subido
a la más, más bella
colina
para ofrecer
el pan
de las mujeres que quieren concebir,
de las mujeres que piden el amor,
el pan
de la tierra que aguarda
la lluvia
del hombre.

VIII

A Tara Kwan Yin
(Madre compasiva)

Peticiones:

En la tiranía, la gracia del perdón.

En la oscuridad, la luz de la misericordia.

En la humillación de las palabras
y de los actos de las palabras,
la dignidad del igual y el perdón divino.

En la humillación del silencio,
la bondad de la palabra.

En la arrogancia,
la piedad.

En el insulto,
la falta de venganza.

En la duda,
la elección favorable.

En la no entrega,
la humanidad.

En la exigencia innoble,
la nobleza del dar.

En la soberbia,
el derecho del tú.

En el *ego*,
el nosotros y el tú.

7. Jardín

I

Ancestros

Sus luces
son
mi aliento.
Su recuerdo,
mi carne viva,
mi certeza en lo distinto.
Ante el vacío,
la medida de mis pasos.

II

In memoriam

Estoy leyéndote
ahora,
Pablo Neruda,
y aprendo
que la palabra por ti creada
es de todos
si Dios,
desde su infinita
altura,
te la muestra
en cuerpos fundidos *en una sola gota*
de cera o meteoro;
si te la muestra
en el rescoldo,
llama o cenizas
del Hombre y de la Mujer,
ellos en su atracción,
que son ya,
como tú dices,
uno
en lo extenso.

III

¿Dónde estás, madre mía,
para que te perdone y me perdone?

Me sujeto firmemente
a tu medalla mordida
para volver a caminar,
ya libre de aquellas culpas
aprendidas,
consagradas sin decir,
tan pesadas, tan hundidas en las raíces de una tierra baldía.

Dejaremos crecer las delicadas flores
que tus manos de jardinero siembran
y las colocaremos en aquel mismo jarrón,
sin arreglarlas demasiado –como tú hacías.

Me enseñarás a dibujar en papel de seda,
a bordar con la dulzura del hilo rosa,
con la templanza del color azul.

Me llamarás nuevamente por mi nombre
y yo te responderé.

IV

Tu mundo en paralelo

Te tienes a ti misma,
hija mía,
tan libre como la nube
fuera de ti.

Sin arcos ni murallas,
tan solo tu luna clara,
tu luna increíble,
tan desconocida aún.

Esa luna clara,
de nardo blanco,
te ha puesto
pinceles en las manos,
sabiendo tú
el color, el espacio y la medida
porque
el color, el espacio y la medida
ya te conocían a ti.

Entornas los ojos
y ves, en el azul de la tarde que cae,
los espacios del violeta,
el amarillo vibrante y el naranja,
el blanco…

Esa luna clara
se refleja en tu belleza intacta
de virgen de altar con finos manteles blancos,
perfumada de azucena.

Esa luna clara,
inmaculada y tierna, recuerda
el lugar donde tu abuela,
en su sabiduría,
ha habitado siempre,
recuerda
que las canciones del colegio
que ella te enseñaba
son himnos hechos a tu medida.

V

Lisi

Has nacido, hija mía,
para vivir en las estrellas
que bordean
el cabecero de tu cama.

Sueñas la realidad
en una dimensión
que te aparta de lo cotidiano:
Recortando grandes, pequeñas cartulinas de colores,
pegando esquinitas con tus manos perfectas,
llenas de ilusión,
componiendo
mágicos, simétricos dibujos,
líneas y líneas de color quebrado,
que esperan ser trasladados
al barro original.

Te miras en el espejo
y el tiempo desaparece.

Tienes la belleza del vestido
blanco, el vestido con el que tu abuelo
vestía a la mujer bella.

Tienes la transparencia virginal
de tu abuela y su cariño más eterno.
Ella te mira sin cesar:
"Sé buena" –te escribió en el papel,
ya muerta.

Tienes un libro abierto
para mirarme,
para saber, desde muy, muy pequeña,
del dolor y la alegría
de tu madre.
Para llevarla tú
de tu propia mano.

8. Epílogo

El *shikara* de la florista

Hoy quiero regalarte
una flor
de mi shikara.

Es rosa, una rosa,
pero
le he quitado
todas las espinas
para que tus labios
solo sientan mis labios,
para que su aroma
te lleve sin recelo
hasta la fragancia de mis piernas,
dispuestas por ti
en el más profundo de los
silencios.

No tiene
ningún precio,
solo vale el oro,
todo el oro,
con que el sol
se refleja
en el lago Dal.

(Agosto de 2013)

ÍNDICE

1. Matoaka, te llevo conmigo

I. *Viajero* 17

II. *Jyotir* 18

III. Con la mirada 19

IV. Te acercas 20

V. ¡Corta los hilos…! 21

VI. Te abrazo con mis piernas 22

VII. *Nacimiento* 23

VIII. Cuando te nombro y me nombras… 24

IX. *¡Niña, Niña, dime dónde!* 25

X. Me quedo quieta por un momento 26

XI. *El pijama rojo* 27

XII. *Silencio* 29

XIII. *Cierto de ti* 30

XIV. *Movimiento* 31

XV. *Agua* 32

XVI. *En la casa grande (con cuatro chimeneas)* 33

XVII. *Águila* 34

XVIII. *Uno mismo* 35

XIX. *Universo sin verbo* 36

XX. ¡Despierta! 37

XXI. Trazas mi existencia… 38

XXII. A pura fuerza derramada… 39

XXIII. *Vos* 40

XXIV. *30 de diciembre* 41

XXV. *Lila* 42

XXVI. Detén el tiempo 43

XXVII. *Cóndor* 44

XXVIII. *Amaragua* 45

XXIX. *Subirarrastrándonos* 46

XXX. Me ha latido el corazón… 47

2. Gamaya

I. *La Tierra Pura de las dakinis* 51

II. Matoaka, te llevo conmigo 52

3. La huella

I. Ya están… 57

II. *Niña (Yin)* 58

III. ¡Pon tus dedos…! 59

IV. Me preparo para ti… 60

V. *El katak desnudo* 61

VI. Carne de mi carne… 62

VII. *Contemplación* 63

VIII. Extiendo tu brazo… 64

IX. Estás cruzando… 65

X. Levanto… 66

XI. Tienes dibujada en tu cuerpo… 67

XII. He recorrido… 68

XIII. XIII. Estoy sentada… 69

XIV. Lavas mi cuerpo… 70

XV. Te arrodillas ante mí… 71

XVI. *Más de quinientos años* 72

XVII. Mira la tarde: es nuestra… 73

XVIII. Te anudas a mí..74

XIX. Duermo…..75

XX. Estoy envuelta…..76

XXI. *La Flor* 77

XXII. *Uno*...78

XXIII. ¿Por qué ahora?..79

XXIV. Las lágrimas..80

XXV. Estoy yendo a Ítaca...81

XXVI. Te rememoro...82

XXVII. Sabes a cuerpo recién lavado..............................83

XXVIII. Déjame que toque..84

XXIX. Estoy de pie...86

XXX. Sujetas mis manos..86

4. Más allá de toda tú

I. *Poemas en la pared* 89

II. *Matoaka*..90

III. Escúchame…...91

IV. No se resigna el silencio… 92

V. *La siembra*..93

VI. *La sombra del Ángel*...94

VII. *Querido Wayne* 97

VIII. *Tú, no*..98

IX. *Yo (non ego)*...99

5. Despedida

I. Quiero escribir…..103

II. *Sincronía* 104

III. *¡Despierta, niña!… ¡¡¡Despierta!!!* 107

    IV. *El gesto* 108

    V. *Eterno el encuentro, eterna la despedida* 110

    VI. *Blessing!* 111

6. La colina más bella

    I. *Estupa de la Iluminación* 115

    II. *Muchacha sentada (junto al altar de Buda)* 117

    III. *Muchacho de pie (junto al altar de Buda)* 118

    IV. *Batalla tal vez ganada* 120

    V. *El Pensamiento iluminado* 121

    VI. *Condición, causa negativa* 112

    VII. He subido… 123

    VIII. *A Tara Kwan Yin (madre compasiva)* 124

7. Jardín

    I. *Ancestros* 129

    II. *In memoriam* 130

    III. ¿Dónde estás, madre mía…? 131

    IV. *Tu mundo en paralelo* 132

    V. *Lisi* 134

8. Epílogo

    El *shikara* de la florista 139

Nota de autor

Las partes 1 y 2 de este libro fueron terminadas de escribir y enviadas a la India el día seis de febrero de 2013.

www.ingramcontent.com/pod-product-compliance
Lightning Source LLC
LaVergne TN
LVHW051538170726
843492LV00006B/1835